www.ingramcontent.com/pod-product-compliance
Lightning Source LLC
Chambersburg PA
CBHW020131180726
47992CB00020B/2595